I0622184

1·2·3

un cuento para contar

Texto e ilustraciones
de VICKY SEMPERE
Ediciones Ekaré

Cuarta impresión, 1995
Edición a cargo de Verónica Uribe • Dirección de Arte: Irene Savino
© 1990 Ediciones Ekaré • Av. Luis Roche, edificio Banco del Libro
Altamira Sur. Caracas, Venezuela
Todos los Derechos reservados • ISBN 980-257-062-1
Impreso en Caracas por Editorial Ex Libris, 1995

1

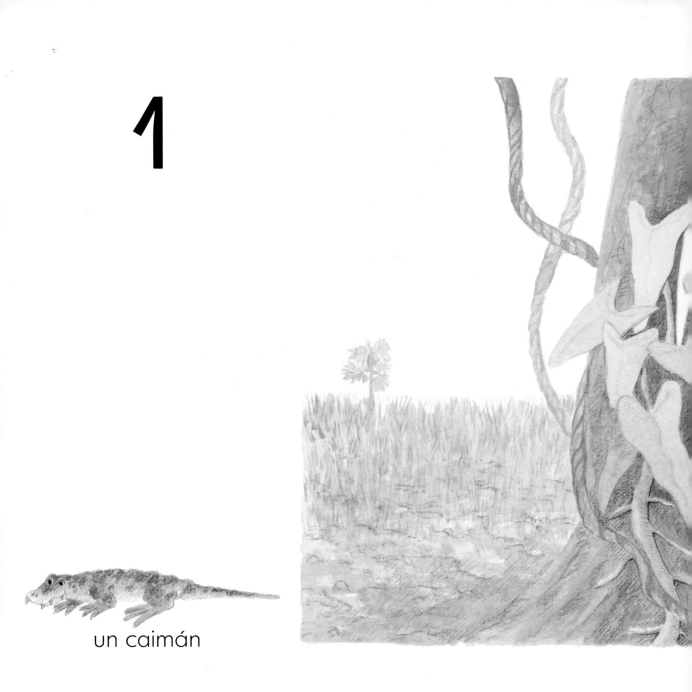

un caimán

2

dos chigüires

3

tres puercoespines

¡VAAAMOS!

4

cuatro corocoras

5

cinco flamencos

6

seis monos

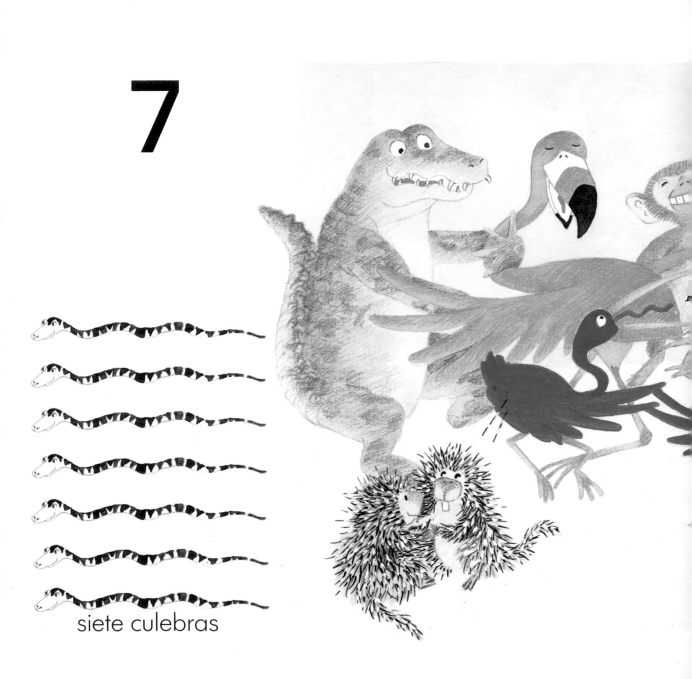

7

siete culebras

8

ocho ratones

9

nueve ranas

10

diez bachacos

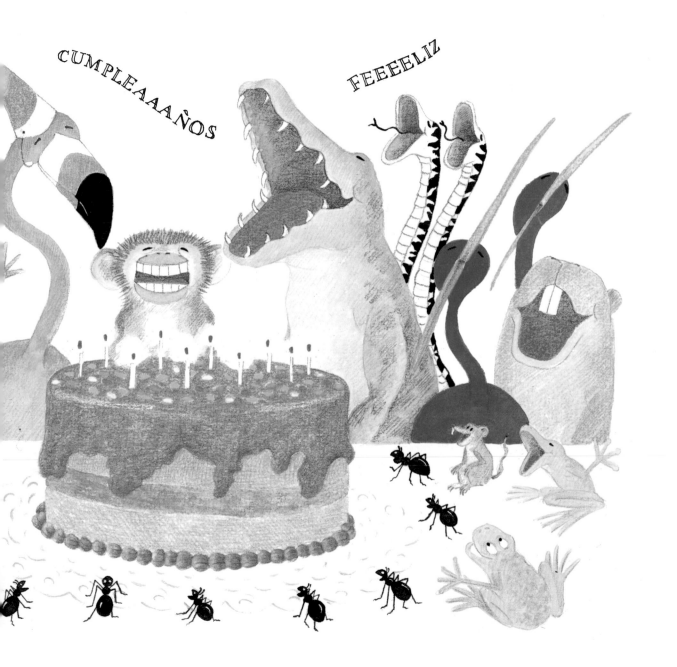

Mis amigos el dia de mi piñata

Este es un libro para ser disfrutado por los niños cuando comienzan a interesarse por los números. Junto con sus padres o hermanos mayores, pueden ir contando los diferentes animales que aparecen en cada vuelta de página, del 1 al 10. Pero mejor aún, pueden ir descubriendo en las imágenes el cuento de los animales que fueron a la selva a celebrar ... ¿qué?

1, 2, 3, un libro para contar... y contar.

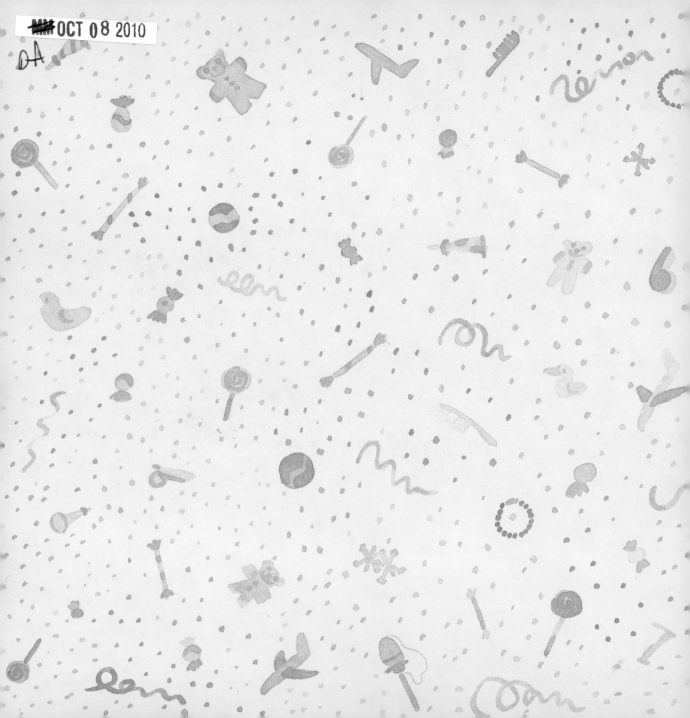